AF156639

Wieland Freund lebt mit seiner Familie in Berlin. Bei Beltz & Gelberg erschienen von ihm verschiedene Kinder- und Jugendbücher, unter anderem die Bände um »Törtel, die Schildkröte aus dem McGrün« sowie »Wecke niemals einen Schrat!« und »Träum niemals von der Wilden Jagd!«.

Wieland Freund

TÖRTEL

Palle sucht die Wildnis

Das Buch zur TV-Serie
mit Originalbildern

BELTZ
& Gelberg

Wer ist wer in Müggeldorf?

Törtel

Törtel ist eine griechische Landschildkröte.
Er kam in einem Baumarkt namens McGrün zur Welt
und ist unter die wilden Tiere von
Müggeldorf geraten. Törtel ist
langsam auf den Beinen, aber
ziemlich schnell im Kopf.
Außerdem zählt er, zum
Beispiel wenn er Angst hat.

Wendy

Die Füchsin wohnt in einer
verlassenen Hütte und ist Törtels
beste Freundin, auf die er sich
jederzeit verlassen kann.

Hokuspokus

Der Schwan vom Strandbad Müggelsee liebt den großen Auftritt. Besonders gern schwebt er zur Konferenz der Tiere an der Mole ein. Umso schlimmer, dass er ausgerechnet beim Landen Probleme hat.

Grrmpf, Brunhilde und die Frischlinge

Die Wildschweinfamilie von Müggeldorf. Grrmpf, der Keiler, ist ständig wütend. Was Brunhilde und ihre Kinder Lina, Lisa, Ida, Ada und Klein Grrmpf manchmal nervt.

Asta, Stine und Cally

… sind erstens Schwestern und zweitens Waschbären.
Drittens machen sie nur, was ihnen gefällt.

Palle

Der Dachs hat seinen Bau etwas
abseits der Straßen, im
Wäldchen. Er liebt die Wildnis,
auch wenn die in Müggeldorf
gar nicht so leicht zu finden ist.

Iwo

Ein Fuchs, der nichts so sehr liebt
wie fremdes Katzenfutter. Seine
zweite Leidenschaft ist Wendy.

Kiki

… ist eine Nebelkrähe, die manchmal lieber losfliegt, als vorher nachzudenken.

Paul und Josephine

Paul und Josephine sind die jüngsten Mitglieder der Familie Budak und in Müggeldorf zu Hause. Ihre Mutter Anna ist Tierärztin, ihr Vater arbeitet als Bauleiter. Zur Familie gehört auch Anton, der Labrador.

Inhalt

1

Törtel besucht Palle – damit fängt die Geschichte an

Es war ein schöner Sommertag in Müggeldorf. Sonnenlicht glitzerte auf den sanften Wellen des Müggelsees, wärmte die Terrassen der Vorstadthäuser und rieselte durch die Wipfel der Bäume im Wäldchen. Im lauen Wind flüsterten die Blätter, unsichtbare Vögel zwitscherten in den Ästen, und unter Törtels Pfoten knisterte das Laub.

»Und eins. Und zwei.«, zählte Törtel. Seine kurzen Beine raschelten durchs Laub. Meist zählte Törtel, wenn er sich fürchtete. Diesmal machte er sich Mut für den Weg, denn durch den Wald zu laufen, war für ihn beschwerlich. Auf Müggeldorfs Bürgersteigen kam er viel besser voran, und das gab ihm zu denken.

Es war nämlich nach wie vor ungeklärt, ob Törtel ein Haus- oder ein Wildtier war.

Törtel dachte immer mal wieder darüber nach. Er war in der Kleintierabteilung eines Baumarkts zur Welt gekommen, was dafürsprach, dass er ein Haustier war. Andererseits waren die wilden Tiere Müggeldorfs seine besten Freunde und er fühlte sich als einer von ihnen.

Es war wirklich vertrackt! Was unterschied ihn denn von Wendy, der Füchsin, oder den Waschbärenschwestern Asta, Stine und Cally? Was unterschied ihn von Palle, dem Dachs, zu dessen Bau er gerade unterwegs war? Er beäugte eine große Baumwurzel, die ihm den Weg versperrte, seufzte und krabbelte dann umständlich in einem weiten Bogen um die Wurzel herum.

Palle, der Dachs, hockte tief unten im Wohnkessel seines Baus. Den Bau hatte er vor vielen Jahren gegraben, auf halber Höhe eines Hügels, unter dem Wurzelwerks eines alten Baums und so weit weg von den Menschen wie möglich. Sehr weit weg von den

Menschen lag Palles Bau aber leider nicht. Palle ging das furchtbar auf die Nerven. Spaziergänger trampelten über sein Dach und raubten ihm den verdienten Tagschlaf. Hunde steckten neugierig ihre Schnüffelnasen in seinen Bau. Und wenn er sich nach Stille sehnte, heulten die Motorsägen der Waldarbeiter auf.

Wenn Palle nachts zu seinen Streifzügen in die Gärten von Müggeldorf aufbrach, blendete ihn das grelle Scheinwerferlicht vorbeibrausender Autos. Und wenn er es endlich bis zu einem Kompost voller leckerer Essensreste geschafft hatte, sprang meist das grelle Licht eines Bewegungsmelders an und verwandelte die schöne dunkle Nacht in einen hässlichen hellen Tag.

Am liebsten hätte Palle den Wald überhaupt nicht verlassen, aber dafür war das Wäldchen an der Mole einfach zu klein. Er hätte so langsam wie Törtel sein müssen, um nicht jedes Mal nach nur wenigen Minuten den Waldrand zu erreichen.

Wie Törtel aber wollte Palle auf keinen Fall sein – genauso wenig wie ein Hund, eine Katze oder ein Kanarienvogel im Käfig.

Haustiere nämlich waren abhängig von Menschen, und Palle wollte von niemandem abhängig sein.

So gehörte es sich für wilde Tiere, fand Palle, aber offenbar waren die anderen wilden Tiere von Müggeldorf nicht seiner Meinung. Sie plünderten Mülltonnen, stibitzten Grillwürstchen, fraßen Katzenfutter auf den Terrassen und schämten sich nicht einmal dafür. Und er, Palle, der Vorstadtdachs, war auch nicht besser, wenn er im nächstbesten Garten über einen gut gefüllten Komposter aus dem Baumarkt herfiel.

Tief unten in seinem Bau seufzte Palle aus tiefstem Herzen. Und als hätte er allein nicht schon genug Kummer gehabt, hörte er draußen auch noch Törtel rufen, der, soweit der Dachs wusste, aus demselben Baumarkt wie die meisten Komposter kam.

»Palle? Palle, bist du zu Hause?«

Das war, dachte Palle, eine schwierige Frage. War sein Bau im Wäldchen an der Mole noch ein Zuhause für ein wildes Tier?

»Ich bin hier unten«, brummte Palle und streckte den Kopf durch den sandigen Gang nach oben.

»Komm ruhig rein, Törtel«, sagte er. Dabei hätte er eigentlich viel lieber weiter allein Probleme gewälzt.

»Schön hast du's hier. Richtig … gemütlich.« Törtel war durch Palles dunklen Tunnel gekrabbelt und hatte den noch dunkleren Kessel erreicht. Viel erkennen konnte er nicht, nur sandige Wände, aus denen feine Wurzeln ragten, und etwas Moos, mit dem Palle seine Wohnung ausgepolstert hatte. Es roch nach Erde und recht streng nach Dachs.

»Es ist ein einfaches Zuhause«, brummte Palle. »Wie es sich für ein wildes Tier gehört. Wilde Tiere«, fügte er nach kurzem Nachdenken hinzu, »sammeln keine Besitztümer an.«

Törtel dachte an die Schuhe, die Wendy, die Füchsin, von den Fußmatten stibitzte. Vor der verlassenen Hütte, in der sie wohnte, lag schon ein ganzer Berg. Er nickte trotzdem. Er wollte Palle nicht verärgern.

»Was führt dich her?«, fragte der Dachs. Es klang, als wollte er Törtel so schnell wie möglich wieder loswerden.

»Oh, Hokuspokus schickt mich«, sagte Törtel.

»Ach ja.« Yalle hatte nur mit halbem Ohr zugehört.

Es war ihm, als höre er draußen Stimmen. Menschen, dachte er. Schlimmer noch: Kinder!

»Es ist wegen des Treffens«, sagte Törtel. »An der

Mole.« Er druckste ein wenig herum. »Zufällig bin ich gerade auf dem Weg dahin …«

»So?« Palle hörte nur noch mit einem Viertelohr zu. Die Kinderstimmen kamen immer näher.

Jetzt hörte er auch Schritte. Die Kinder polterten über sein Dach! Jetzt rieselte sogar Sand von seiner Decke. Unwillkürlich begann Palle zu knurren.

»Palle?«, fragte Törtel verschüchtert.

Der Blick des Dachses ging zur Decke. »Was?«, fragte Palle gereizt. Die schönen schwarzen und weißen Streifen auf seiner Schnauze sahen plötzlich wie eine Kriegsbemalung aus.

»Ich habe dich gefragt, ob du mich nicht zur Mole begleiten willst«, sagte Törtel zum zweiten Mal. »Du bist lange nicht mehr dabei gewesen. Wir vermissen dich!«

»Wo nicht dabei gewesen?«, brummte Palle. »An der Mole?« Immer mehr Sand rieselte in seine Wohnung. Was waren diese Kinder da oben nur für Trampeltiere!

»Ich hasse diese Treffen«, sagte Palle. Konferenzen hielt er für Menschenkram. »Verdammt nochmal! Was machen die denn da oben? Wollen die meinen Bau zum Einsturz bringen?«

Noch mehr Sand rieselte von der Decke. Törtel warf einen ängstlichen Blick nach oben.

»Jetzt reicht's mir!«, schnaubte Palle und verschwand knurrend und brummend im Tunnel nach oben.

Törtel fand sich allein im dunklen Kessel wieder.
Sand rieselte auf seinen Panzer. »He, Palle«, rief er.
»Warte auf mich!«

Törtel fand den Dachs draußen hinter einem Baumstumpf. Fassungslos starrte Palle auf Paul und Josefine.
Die beiden hatten auf Palles Hügel ein Fernrohr aufgebaut. Paul hatte das Stativ in den Boden gerammt
und Josefine hatte das Teleskop draufgeschraubt. Ab-
wechselnd spähten sie durch das Fernrohr und trampelten dabei auf Palles Hügel herum.

»Tagsüber wird das nichts«, sagte Josefine. »So
kriegen wir nie eine Sternschnuppe zu sehen.
Außerdem stören die Bäume.«

»Aber nachts dürfen wir nicht alleine raus«, sagte
Paul. »Außer vielleicht, wenn wir das Fernrohr in
unserem Garten aufbauen.«

»Da stören die Laternen. Lichtverschmutzung«,
seufzte Josefine. »Wir müssen raus aus der Stadt.
Weiter aufs Land, wo es nachts dunkler ist.« Sie fischte
ihr Handy aus der Tasche, tippte darauf herum, und
plötzlich erklang blechern scheppernde Musik.

Törtel hörte Palle stöhnen.

»Menschen«, knurrte der Dachs. »Wie soll man mit diesen Krachmachern leben? Wie, Törtel? Sag es mir!«

Törtel sah ratlos zum Dachs hinauf.

Josefine tanzte über Palles Hügel. Von Palles Decke regnete es vermutlich gerade Sturzbäche aus Sand.

Palle wandte sich seufzend ab. »Komm, Törtel«, sagte er. »Wir verschwinden.«

»Äh …« Törtel konnte seine Überraschung nicht verbergen. Was hatte Palle jetzt im Sinn? »Wohin denn?«, fragte er.

»Zu deinem blöden Treffen«, knurrte der Dachs. »Wo hoffentlich keine Menschen sind.«

2

Hokuspokus erscheint –
Palle verschwindet

Es waren keine Menschen an der Mole und auch
weniger Tiere als sonst. Wahrscheinlich, dachte Palle,
lauerten sie irgendwo zwischen den Häusern auf
irgendwelche Abfälle. Zusammen mit Törtel zottelte er
schlecht gelaunt ans Ufer. Wendy, die Füchsin, und die
Waschbärenschwestern waren schon da. Ebenso Iwo,
der dicke Fuchs, sowie Grrmpf und Brunhilde, die
Wildschweine. Hokuspokus allerdings, der das Treffen

einberufen hatte, fehlte. Der Schwan war mal wieder
zu spät.

Er verschwendet meine Zeit, dachte Palle.

Er hat noch mit jedem dieser Treffen meine Zeit
verschwendet, dachte er dann.

»Ich bin sicher, dass Hokuspokus jeden Augenblick
eintrifft«, sagte Törtel, als könnte er Palles düstere
Gedanken lesen. »Bestimmt ist er nur aufgehalten
worden.«

»Ach was!«, brummte Palle. »Er lässt uns warten,
damit er einen großen Auftritt hat.« Hokuspokus,
dachte Palle, war so eitel wie ein Mensch.

»Aber da ist er doch!« Wendy sah zum Himmel
hinauf, der so blau war wie der See.

Wu-wu-wu, machte es. Mit surrenden Flügel-
schlägen kam Hokuspokus näher. Die Tiere hielten
den Atem an. Der Schwan hatte schon immer
Probleme mit dem Landen gehabt.

»Hoffentlich geht das gut«, sagte Törtel und blin-
zelte zu Hokuspokus hinauf.

»Es geht nie gut«, brummte Palle und sah erst gar
nicht hin.

Hokuspokus war eisern konzentriert, so wie vor jeder Landung. Sein langer Hals war gerade wie ein Pfeil. Der Flugwind wühlte in seinem Gefieder. Unter ihm lag der See, so glatt wie Glas – und vermutlich leider auch genauso hart. Das Ufer kam erbarmungslos näher. Es war Zeit, den Sinkflug zu beginnen.

»Sinken!«, befahl Hokuspokus seinem inneren Co-Piloten, aber der konnte sich offenbar nicht dazu überwinden.

»Nicht sinken?«, murmelte Hokuspokus, aber das war auch keine Lösung. Drüben am Ufer konnte er jetzt Wendy, Palle, die Waschbären und einen winzigen Törtel erkennen. Sein Plan war, elegant einzuschweben, federleicht auf dem Wasser aufzusetzen und dann mit sauber bemessenem Schwung wie von selbst bis zum Ufer zu treiben.

»Sinken, verdammt nochmal!«, herrschte Hokuspokus seinen inneren Co-Piloten an, und plötzlich
ging es so steil hinab, als wollte Hokuspokus seinen
Schnabel in die Uferböschung bohren.

Für eine saubere Landung, wurde dem Schwan
bewusst, war er bei weitem zu schnell.

Hokuspokus breitete die Flügel aus, um abzu-
bremsen. Er stemmte die platten, schwarzen Gummifüße in den Wind. Fast schon war er über den See
hinaus. Er drohte am Ufer zu zerschellen.

»Noch drei Sekunden bis zum Aufsetzen«, wimmerte sein innerer Co-Pilot.

»Noch zwei!«, rief er panisch, als könnte Hokuspokus jetzt noch irgendetwas daran ändern.

»Eine!«, kreischte sein innerer Co-Pilot, und Hokuspokus riss die Flügel hoch. Es war besser, wie ein Stein in den See zu fallen, als sich am Ufer den Hals zu brechen.

Eine Fontäne stieg auf, aber Hokuspokus hatte sogar zu viel Schwung, um einfach zu sinken. Er titschte auf dem Wasser auf und schlug einen äußerst uneleganten Purzelbaum.

»Notfall! Notfall! Notfall!«, kreischte sein innerer Co-Pilot, bis Hokuspokus ihn mit einem Zischen zum Schweigen brachte. Er schoss über die Uferböschung hinaus, über Wendy, die Waschbären und den in seinem Panzer Schutz suchenden Törtel hinweg.

Palle konnte leider nicht mehr ausweichen.

Hokuspokus begrub ihn unter sich.

Federn und Haare stoben auf und schwebten dann langsam wieder zu Boden.

Palle lag rücklings im Gras.

Hokuspokus lag bäuchlings auf Palle.

»Hm«, sagte der Schwan und verdrehte den Hals Richtung Himmel. »Da habe ich mich wohl leicht mit dem Winkel verschätzt.« Er rappelte sich auf, stellte sich auf seine schwarzen Gummifüße und sah auf den benommenen Palle hinab. »Aber gut gemacht, Palle«, flötete Hokuspokus. »Wie ich immer sage: Gute Freunde fangen dich auf!«

Palle stöhnte, knurrte, und dann herrschte er die herbeieilenden Waschbären an, die ihm helfen wollten.

»Lasst eure schmutzigen Pfoten von mir!« Er kam auf die Beine und schüttelte sich.

»Gut. Fein. Alles prima.« Hokuspokus hatte sein Gefieder geordnet und reckte den Hals. »Dann erkläre ich unser Treffen für eröffnet. Mal überlegen, was so auf der Tagesordnung steht …« Der Schwan sah etwas ratlos in die Runde. Die nicht ganz perfekte Landung hatte ihn durcheinandergebracht.

»Futter steht auf der Tagesordnung!«, rief Asta, eine der Waschbärenschwestern.

»Da gibt es eine neue Stelle!«, sprang Stine, die zweite Schwester, ihr bei.

»Riesige Mülltonnen!«, rief Cally, die dritte Schwester. »Gleich hinter dem Supermarkt. Jeden Abend schmeißen sie da tonnenweise Futter weg!«

Palle verdrehte die Augen.

»Erbärmlich«, hörte Törtel ihn murmeln.

Aber Hokuspokus hatte ihn auch gehört. »Palle, mein Lieber«, sagte er. »Darf ich dich daran erinnern, dass wir hier *mit*einander und nicht *über*einander reden? Und zwar über äußerst wichtige Angelegenheiten? Wir murmeln und flüstern hier nicht.«

»Ich sagte: *erbärmlich*«, wiederholte der Dachs, diesmal laut und deutlich.

Hokuspokus' langer Hals verbog sich zu einem Fragezeichen. »Äh, bitte … was?«

»*Mülltonnen!* Hinter dem *Supermarkt*!«, polterte Palle. »Und ihr wollt wilde Tiere sein!« Er sah wütend in die Runde. »Ihr seid weich geworden!« Sein Blick blieb an Iwo hängen, dem man ansah, dass er zu viel Katzenfutter fraß. »Wilde Tiere leben nicht von Müll!

Und auch nicht von Dosenfutter! Das ist unter ihrer Würde!«

Iwo warf Wendy einen ratlosen Blick zu. Wendy reichte den ratlosen Blick an Törtel weiter. Törtel sah zum verblüfften Hokuspokus auf. Was sollte man dazu sagen?

»Äh, ja …«, sagte Hokuspokus. Er stammelte ein wenig. »Also … Danke für diesen Beitrag, Palle. Du gibst uns da was zum Kauen. Also … wir … werden mal darüber nachdenken? Später? Jetzt würde ich nämlich gern wieder zur Tagesordnung …«

Palle schnitt ihm das Wort ab. »Ich sehne mich nach den alten Zeiten«, brummte er. »Als hier noch keine Menschen lebten!«

Diesmal verdrehte Hokuspokus die Augen. »Das ist aber sehr lange her, mein Freund …«

»Außerdem gibt es auch nette Menschen«, sagte Törtel. Er dachte da zum Beispiel an Paul und Josefine, die er sehr nett fand.

»*Das*«, knurrte Palle, »glauben alle Haustiere. Es ist genau dieser Irrtum, der sie zu Haustieren macht.«

Das hatte gesessen. Törtel war plötzlich sehr danach,

sich in seinen Panzer zu verkriechen. Palle war heute wirklich unausstehlich.

»Das ist ungerecht«, mischte sich jetzt Wendy ein. »Törtel ist genauso wild wie wir alle.«

»Ach ja?« Palle warf ihr einen unversöhnlichen Blick zu. Dann sah er auf Törtel herab. »Vielleicht ist ja genau das euer Problem: Dass ihr so wild wie Törtel seid!« Er schnaufte. »Ich glaube, ihr wisst gar nicht mehr, was Wildnis ist! Wahre, unverfälschte Wildnis! Ein Ort, den kein Mensch je betreten hat!«

»Und wo sollte das sein, Palle?«, fragte Iwo. Falls es einen solchen Ort gab, wollte er da auf keinen Fall hin!

»Das werde ich herausfinden!«, knurrte Palle. »Wenn ihn einer von uns findet, dann ja wohl ich!« Er wandte sich ab und verließ das Treffen ohne Abschiedsgruß. Die anderen sahen ihm betreten nach.

»Habt ihr schon mal von dieser *Wildnis* gehört?«, fragte Iwo nach einer Weile.

Einer nach dem anderen schüttelte den Kopf.

»Er wird sich schon wieder beruhigen«, sagte Hokuspokus.

Törtel war sich da leider nicht so sicher.

3

Palle hadert – Törtel zählt

Allein für sich durch den Wald zu zotteln, hatte schon immer eine beruhigende Wirkung auf Palle gehabt. Nichts tröstete den Dachs so sehr wie seine vertrauten Wege. Rund um seinen Bau kannte er jeden Strauch und jeden Baum, jeden Hügel und jede Senke, und je näher er seinem gemütlichen Kessel kam, desto heftiger bereute er, an der Mole so unausstehlich gewesen zu sein.

Hatte er Törtel wirklich ins Gesicht gesagt, dass er ihn für ein Haustier hielt?

Hatte er wirklich angekündigt, Müggeldorf zu verlassen?

Wollte er wirklich in die Wildnis – oder nicht doch lieber in seinen Kessel, um seinen Kummer wegzuschlafen?

Wenn der flatterhafte Hokuspokus ihn nur nicht von den Beinen geholt hätte, dachte Palle. Und wenn diese lärmigen Kinder nicht ausgerechnet über seinem Bau …

Palle stockte und ging hinter dem gewohnten Baumstumpf in Deckung. Die lärmigen Kinder waren noch da! Sie hockten nach wie vor auf Palles Hügel und dudelten noch immer ihre schreckliche Musik! Und dann, als Palle schon dachte, schlimmer könne es nicht kommen, schrillte auch noch Josefines Handy. Der Ton fuhr Palle durch Mark und Bein.

»Papa?«, sagte Josefine in ihr Telefon.

Palle fand: Sie schrie. Musste denn der ganze Wald hören, was sie zu sagen hatte?

»Nein, nicht weit weg, Papa«, sagte Josefine. »Wir sind bloß im Wäldchen.«

In *meinem* Wäldchen, dachte Palle.

»Ja, ich weiß, dass es bald dunkel wird, Papa«, sagte Josefine in ihr Handy. »Das war ja die Idee … Wir wollen doch Sternschnuppen sehen …«

Dieses Kind wollte gar nicht aufhören zu reden! Aber das, dachte Palle, nahm ihm die Entscheidung ab: Er würde sich *nicht* in seinem Kessel verkriechen! Er würde wirklich das Weite suchen! Er würde in die Wildnis gehen!

Palle warf einen letzten, wehmütigen Blick auf

seinen Bau. Irgendwo, irgendwann würde er sich einen neuen graben müssen.

»Machst du das auch wirklich, Papa?« Josefine telefonierte immer noch. »Du fährst echt mit uns raus?«

Palle seufzte. Er wandte sich ab. Sein Weg in die Wildnis hatte begonnen. Er ließ seinen Bau, seine Freunde, sein altes Leben zurück.

»Aber ganz bestimmt morgen, ja? Versprochen?«, sagte Josefine, aber das hörte der Dachs schon nicht mehr. Er steuerte die äußerste Birke des Wäldchens an. Hinter ihr lag Müggeldorf, und hinter Müggeldorf, davon ging Palle fest aus, begann die Wildnis.

Törtel hatte den Abend kommen sehen. Die Sonne war wie ein Feuerball im Müggelsee versunken und hatte den Rand des Himmels erst orange, dann rot und dann lila gefärbt. Schließlich war das Lila einem tiefdunklen Blau gewichen und irgendein mächtiger Mensch hatte die Straßenlaternen angeknipst. Ein paar Sterne hoch oben am Himmel konnte Törtel dennoch erkennen. Wenn man nur lange genug hinschaute, waren es sogar ziemlich viele.

»Eins«, hatte Törtel irgendwann an diesem Abend zu zählen begonnen, und dann hatte er einfach immer weitergezählt. »Dreihundertsechsundfünfzig, dreihundertsiebenundfünfzig«, zählte er jetzt, während ein schwacher Wind durch die Gräser vor Wendys Hütte strich und sich die Füchsin irgendwann zu ihm gesellte.

Jetzt bestaunten sie gemeinsam den Himmel.

»Du weißt aber schon, dass du nicht alle Sterne zählen kannst?«, fragte Wendy nach einer Weile.

Törtel war gerade bei dreihundertneunundneunzig angelangt.

»Vierhundert«, zählte Törtel als Nächstes.

»Der Himmel ist einfach zu groß, um alle Sterne zu zählen«, sagte Wendy.

»Ich weiß«, sagte Törtel. »Je kleiner man ist, desto besser versteht man, wie groß die Welt ist. Glaub mir.«

»Und warum zählst du die Sterne dann trotzdem?«, fragte Wendy.

»Es beruhigt mich«, sagte Törtel.

»Es beruhigt dich, dass die Welt so groß ist?«, fragte Wendy.

Das war eine schwierige Frage. Törtel dachte eine Weile darüber nach. »Ich finde es schön, dass die Welt so groß ist«, sagte er schließlich. »Und es beunruhigt mich auch.«

»Hm.« Offenbar wurde die Füchsin aus seiner
Antwort nicht schlau. »Hast du vor irgendetwas Angst,
Törtel?« Wendy wusste, dass Törtel zählte, wenn er
Angst hatte. Allerdings zählte er dann eigentlich keine
Sterne. Wenn Törtel Angst hatte, zählte er nur vor sich
hin.

»Nicht *vor* ...«, sagte Törtel leise.

»Sondern ...?« Wendy sah auf ihn herab. Es war
jetzt so dunkel, dass Törtel nur noch ihre Umrisse sah.
Die spitze Schnauze, die Ohren, den Heiligenschein
ihres struppigen Fells.

»... *um*«, sagte Törtel.

»Um?« Jetzt verstand Wendy gar nichts mehr.

»Ich habe Angst *um* Palle«, sagte Törtel leise, so als
schäme er sich dafür. »Ich habe Angst, dass er Dumm-
heiten macht. Stell dir vor, er ist wirklich weggelaufen!«

Törtel sah wieder zum Himmel hinauf. Er fand es
jetzt *sehr* beunruhigend, wie groß die Welt war.

»Palle liegt gerade tief unten in seinem Bau und
schläft«, sagte Wendy. »Glaub mir! Er liebt seinen
Kessel viel zu sehr, um wegzugehen. Das würde er nie
machen!«

»Und wenn doch?«, fragte Törtel.

Wendy hob den Kopf. Jetzt sah sie beinahe aus wie ein Wolf, der den Mond anheulte.

»Würdest du mir einen Gefallen tun, Wendy?«, fragte Törtel. »Würdest du morgen mit mir nachsehen gehen, ob Palle noch da ist?«

»Klar«, sagte Wendy. »Ich frage Hokuspokus, ob er mitkommt.«

»Danke«, sagte Törtel und zählte den vierhundertundersten Stern.

4

Ein Dachs wird vermisst – eine Krähe war Zeuge

Früh am nächsten Morgen wartete Törtel vor Palles Bau. Wendy hatte ihn hergetragen, dann war sie im Tunnel verschwunden, und seither hatte er nichts von ihr gesehen.

»Wendy?«, rief Törtel zaghaft. Vermutlich suchte sie da unten gerade sämtliche Gänge, Röhren und Ausgänge ab und konnte ihn nicht hören. Offenbar hatte sie Palle da drinnen noch nicht entdeckt.

Törtel seufzte und sah sich um. Die Morgensonne träufelte ihr warmes Licht durch die Baumwipfel. Ein geschäftiger Mistkäfer knisterte durch das trockene Laub. Ein Specht hämmerte hoch über Törtels Kopf, und Törtel sah unwillkürlich nach oben. Er suchte nach dem Specht und entdeckte einen Schwan.

Wu-wu-wu, machten Hokuspokus' Flügel.

Der Schwan tauchte steil zwischen zwei Baumwipfeln hindurch!

Törtel brachte sich sofort in Deckung. Er zog den Kopf und alle vier Beine ein. Zum Glück hatte er einen Panzer!

»Ooooohhhh …«, hörte er Hokuspokus rufen, langgezogen wie der Wind.

»Landung abbrechen! Landung abbrechen!«, rief Hokuspokus aufgeregt. Der Schwan führte mal wieder Selbstgespräch da oben. Das tat er beim Fliegen oft.

Törtel lugte aus seinem Panzer. Der Schwan hatte wieder an Höhe gewonnen. Unterhalb der Wipfel schoss er flatternd durch den Wald – genau auf den breiten Stamm einer alten Buche zu!

»Abdrehen!«, kreischte Hokuspokus, und irgendwie gelang es ihm, den Zusammenstoß zu vermeiden. Mit einer Flügelspitze streifte er das Unterholz, flog einen Bogen und rauschte über Törtel hinweg. Das *Wu-Wu-Wu* seiner Flügelschläge war beinahe ohrenbetäubend.

»Fahrgestell ausfahren!«, rief Hokuspokus und fuhr seine schwarzen Flossenfüße aus – Sekunden, bevor sie den Waldboden berührten.

Laub stob auf. Hokuspokus hatte viel Schwung. Wenn er nicht fallen wollte, musste er rennen. Er watschelte wie ein Irrer durch den Wald – weiter und weiter weg von Törtel, bis er endlich austrudelte und zum Halten kam.

»Hokuspokus? Hier bin ich!« Törtel streckte den Hals soweit aus dem Panzer, wie er konnte.

»Ah!« Hokuspokus hatte sich zu ihm umgedreht. Er faltete die Flügel ein. Dann kam er über seine Landebahn zurückgewatschelt.

»Hast du mich landen sehen?«, fragte er, als er Törtel erreicht hatte.

»Hab ich«, sagte Törtel. Er war allein vom Zusehen ganz erschöpft.

»Eine kleine Meisterleistung, wenn ich das sagen darf.« Hokuspokus schaute sich im Wäldchen um. »Schwierige Bedingungen. Das schafft nicht jeder. Aber was rede ich? Du verstehst ja nichts vom Fliegen.« Der Schwan reckte den Hals. Dann senkte er ihn wieder und lugte in Palles Tunnel. »Und? Schläft der alte Griesgram noch? Und wo steckt eigentlich Wendy?«

»Hier!« Genau in diesem Augenblick tauchte Wendy aus Palles Tunnel auf. Sie schüttelte sich und versprühte Sandkörner, als wären es Wassertropfen. »Nichts«, sagte sie dann. »Palle ist weg. Der Bau ist leer.«

Eine ganze Weile herrschte betretenes Schweigen.

»Vielleicht«, sagte Hokuspokus schließlich, »frühstückt er ja nur auswärts. Hat sich einen schönen Kompost gesucht. Kommt gleich wieder. Und so weiter und so fort …« Der Schwan schien selbst nicht so recht daran zu glauben.

Sie schwiegen wieder.

»He, ihr da! Sucht ihr Palle?« Kiki, die Krähe, schwebte ein. Mühelos landete sie vor Palles Eingang.

»Sieht ganz so aus«, sagte Wendy düster. »Bist du ihm etwa begegnet?«

»Das kann man wohl sagen!«, krächzte Kiki. »Letzte Nacht ist er unter meinem Schlafbaum aufgetaucht. Ganz weit drüben, am anderen Ende von Müggeldorf. Hat mich ziemlich gewundert. So weit im Osten hab ich ihn noch nie gesehen …«

Das waren keine guten Nachrichten, dachte Törtel. Das andere Ende von Müggeldorf war sehr weit weg! »Hat er gesagt, wo er hinwollte, Kiki?«, fragte er.

»Oh ja, hat er!«, krähte Kiki. »Aber ich hatte noch nie davon gehört. War was mit W…« Die Krähe überlegte angestrengt.

»Woltersdorf? Nein … Wilhelmshagen? Auch nicht …«

»Wildnis?« Törtel unterbrach sie sorgenvoll.

»Genau!«, krähte Kiki. »Das war's! Palle wollte nach Wildnis!«

Törtel, Wendy und Hokuspokus seufzten, laut, vernehmlich und genau zur selben Zeit.

Kiki sah sie verwundert an. »Ach, ihr kennt dieses Wildnis? Ist es nicht schön da? Na ja, jetzt wisst ihr jedenfalls Bescheid …« Sie hob mit derselben Leichtigkeit ab, mit der sie gelandet war.

»Und jetzt?«, fragte Wendy, als Kiki verschwunden war.

»Jetzt müssen wir Palle suchen«, sagte Törtel. »Bevor er sich ins Unglück stürzt.«

»Das sehe ich genauso!« Hokospokus warf sich in

die Brust. »Palle ist ein alter Griesgram, aber er ist unser alter Griesgram. Wir eilen sogleich zu seiner Rettung!«

»Ich kann seine Spur aufnehmen!«, sagte Wendy und begann zu schnüffeln.

»Und ich werde euer Auge am Himmel sein!«, rief Hokuspokus. »Die Luftüberwachung! Achtung, geh aus dem Weg, Törtel!«

Törtel wich gerade noch rechtzeitig zurück. Hokuspokus nahm schon Fahrt auf. Flügelschlagend patschte er auf seinen platten Füßen durch den Wald.

Es machte *Wu-wu-wu,* als Hokuspokus abhob. Dabei wich er in letzter Sekunde einer Kiefer aus.

»Kommst du, Törtel?«, fragte Wendy.

Törtel nickte schweren Herzens. Verfolgungsjagden waren wirklich nicht sein Ding.

5

Palle gibt nicht auf – eine Ratte gibt nichts ab

Palle, dem Dachs, taten langsam die Pfoten weh. Er war einen weiten – *sehr* weiten – Weg gegangen. Er hatte sein kleines Wäldchen verlassen und dann hatte er todesmutig ganz Müggeldorf durchquert und sich durch nichts – *gar* nichts – von seinem Ziel abbringen lassen.

Straßen voller brummender, hupender Autos hatten ihm den Weg versperrt.

Eine Fahrradklingel hatte ihm einen Mordsschrecken eingejagt.

Ein Mensch hatte gekreischt, als ihm Palle auf einer Fußgängerbrücke entgegenkam.

Der Dachs war einfach immer weitergelaufen,

während in seinem Rücken die Sonne sank, die Schatten länger wurden und schließlich die Nacht hereingebrochen war. Über Palle gingen die Sterne auf, und dem Dachs waren sie wie ein Versprechen erschienen: Die Wildnis, dachte er, würde so still und weit wie der Nachthimmel sein.

Er musste sie nur noch finden.

Zunächst jedoch hatte Palle Kiki, die Krähe, gefunden. Ganz zufällig hatte er unter ihrem Schlafbaum Rast gemacht und war ganz überrascht gewesen, wie sehr er sich freute, sie wiederzusehen.

Hatte er Kiki etwa vermisst?

Vermisste er auch Törtel und Wendy?

Vermisste er vielleicht sogar Hokuspokus?

Um nicht weiter darüber nachdenken zu müssen, hatte Palle die Krähe schnell nach dem Weg in die Wildnis gefragt und war dann eilig weitergezogen. Er hatte ein neues Leben begonnen. Er hatte sich für die Einsamkeit entschieden.

Ein paar Stunden schlief er unruhig unter einem Busch und träumte nicht von der Wildnis, sondern von seinem gepolsterten Kessel.

Am zweiten Tag seiner Reise war es leider nicht besser geworden. Palle hatte wilde Flüsse, hohe Berge und tiefe Wälder erwartet, stattdessen war er auf noch mehr Straßen gestoßen. Und landete er mal in einem Wald, dann war der auch nicht größer als sein Wäldchen daheim in Müggeldorf. Palle tappte weiter – nicht durch die Wildnis, sondern durch die Fremde. Er fühlte sich nicht gut.

Als es schon wieder Abend wurde, erreichte er das Ufer eines schnurgeraden Kanals. Aus der Böschung ragte ein Abwasserrohr. Vor dem Abwasserrohr hockte eine triefnasse Ratte und knabberte an einem durchweichten Stück Wurst.

Palle hatte Hunger – furchtbaren Hunger –, das bemerkte er erst jetzt. Stumm starrte er auf die Wurst in den kleinen Pfoten der Ratte.

»Vergiss es!«, sagte die Ratte.

»Was?«, fragte Palle verdutzt.

»Das ist meine Wurst«, sagte die Ratte. »Such dir selber was zum Fressen.«

»Ich will deine Wurst gar nicht«, log Palle.

Die Ratte warf ihm einen ungläubigen Blick zu. »Was willst du dann?«, fragte sie ihn misstrauisch.

»Ich suche den Weg in die Wildnis«, sagte Palle.

»Wohin?«, nuschelte die Ratte, den Mund voller durchweichter Wurst.

»Die Wildnis. Den Ort ohne Menschen«, erklärte Palle.

»Pfff«, machte die Ratte. »Was für eine dämliche Idee!«

Palle schwieg beleidigt. Wie unfreundlich diese Ratte war!

»Außerdem …« Die Ratte biss wieder von der Wurst ab. Dann nuschelte sie weiter. »Außerdem glaube ich nicht, dass es so was gibt. Einen Ort ohne Menschen. Nie davon gehört. Die sind überall, Kumpel. Wohin du gehst: Menschen. Was nicht schlecht ist. Denn wo Menschen sind, da ist auch Müll. Alte Rattenweisheit.« Sie schluckte Wurst hinunter. »Sicher, dass du keinen Hunger hast?«

Palle war sicher, *dass* er Hunger hatte. Er schwieg dennoch. Er wollte sich keine Blöße geben. Er wollte auch keinen Müll mehr fressen. Eigentlich.

»Also, falls du doch Hunger haben solltest und die Wildnis noch ein bisschen warten kann … Da oben

geht es eine Böschung hinauf. Da ist 'ne Tankstelle.
Mit allem Drum und Dran. Picknicktische. Und Müll-
eimer ohne Ende. Da findet man immer was. Du
kannst es gar nicht verfehlen, Kumpel. Leuchtet, als
stünde der Wald in Flammen. Musst nur ein bisschen
auf die Autos achten. Wo Menschen sind, sind nämlich
auch Autos. Noch eine alte Rattenweisheit.«

Palle hob den Kopf. Er konnte die Böschung sehen.
Er sah auch die Tankstellenschilder leuchten. Viel-
leicht, dachte er, lag die Wildnis ja dahinter, und die
Ratte wusste es bloß nicht.

Palle setzte sich wortlos in Bewegung.

»He, Kumpel«, rief ihm die Ratte nach.

»Ja?«, sagte Palle.

»Geht mich nichts an, ich weiß«, sagte die Ratte.
»Aber ich an deiner Stelle würde nach Hause gehen.«

6

Eine schlaflose Nacht – ein Dachs überquert die Straße

Eine normale Nacht in Müggeldorf hätte ungefähr so ausgesehen:

Palle hätte sich zeitig in seinen Kessel gekuschelt und leise und zufrieden vor sich hin geschnarcht.

Törtel hätte sich in seinen Schildkrötenpanzer zurückgezogen, der fast genauso gemütlich wie Palles Kessel war.

Hokuspokus hätte sich ein lauschiges Plätzchen am Seeufer gesucht, noch eine Weile auf die dunklen Wellen geschaut und dann den Schwanenhals gebogen und den Kopf ins Gefieder gesteckt.

Wendy hätte eine letzte Runde durch die beleuchteten Straßen gemacht, hier geschnüffelt und da geschnüffelt und wäre dann zu ihrer Hütte zurückgekehrt – vielleicht mit einem neuen Schuh, den sie von einer Fußmatte stibitzt hatte.

Die Waschbärenschwestern wiederum hätten vielleicht ein offenes Dachfenster gefunden und wären auf den Dachboden gestiegen. Dort hätten sie ein bisschen Dämmstoff von den Dachlatten gerissen, ihn überall auf dem Dachboden verteilt, und dann hätten sie sich in den zerfetzten Dämmstoff gekuschelt wie in ein weiches Federbett.

Paul und Josefine schließlich hätten in einer normalen Nacht in einem echten Federbett gelegen, in ihren Kinderzimmern in Müggeldorf, während ihre Eltern unten im Wohnzimmer noch ein bisschen fernsahen.

Aber – großes Aber: Es war keine normale Nacht in Müggeldorf. Das heißt: Es war vielleicht schon eine normale Nacht in Müggeldorf, aber weder Palle noch Törtel noch Hokuspokus noch Wendy noch die Waschbären noch Paul und Josefine waren zu Hause.

Sie waren alle unterwegs.

Palle kletterte die Böschung zur nächtlich leuchtenden Tankstelle hinauf. Immer deutlicher hörte er die Autos.

Hokuspokus war in der Luft, obwohl er es hasste,

im Dunkeln zu fliegen. Unter ihm leuchteten die weißen und roten Lichter des nächtlichen Verkehrs.

Törtel, der viel zu langsam für eine Verfolgungsjagd war, ritt auf dem Rücken einer Waschbärenschwester, und Wendy, die Nase am Boden, folgte Palles Spur. In der Ferne konnte Törtel eine Tankstelle leuchten sehen. Wendy schien genau darauf zuzuhalten.

Und Paul und Josefine lagen auch nicht in ihrem Bett, sondern fuhren mit ihrem Vater über die Autobahn. Sie waren unterwegs zu einem besonders dunklen Ort, um mit ihrem Fernrohr die Sterne zu sehen.

»Sind wir bald da, Papa?«, fragte Paul, der auf der Rückbank saß.

»Gleich«, sagte Mario Budak am Steuer.

»Ich müsste nämlich mal aufs Klo«, sagte Paul.

Sein Vater verdrehte die Augen. »Kann das nicht noch ein bisschen warten?«, brummte er.

»Oh, schaut mal! Da ist eine Raststätte!«, rief Josefine auf dem Beifahrersitz. Das Hinweisschild hatte sie schon vor einer Weile entdeckt. Jetzt sah sie auch die Tankstelle leuchten. »Da gibt's ein Klo«, sagte Josefine.

»Und Snacks!« Sie lehnte sich zu ihrem Vater hinüber und grinste.

»Wir haben doch alles dabei«, brummte der.

»Man hat nie alles dabei«, sagte Josefine.

»Ich muss echt dringend«, sagte Paul auf der Rückbank.

Ihr Vater seufzte. »Na gut!«

Er setzte den Blinker. Der Blinker machte *tack-tack*.
Sie bogen in die Ausfahrt zur Raststätte ein und rollten
auf den Parkplatz zu.

»Vorsicht!«, schrie Josefine plötzlich auf dem Beifahrersitz.

Da lief etwas über die Straße!

Mario Budak stieg in die Bremsen.

Reifen quietschten.

Das Etwas auf der Straße huschte vorbei.

Das war gerade noch mal gutgegangen!

»Puh!«, machte Pauls und Josefines Vater. »Was war denn das?«

»Ich glaube, das war ein Dachs«, sagte Josefine.

Sie spähte aus dem Fenster, aber der Dachs war nicht mehr zu sehen.

»Du lieber Himmel!« Mario Budak stand der Schweiß auf der Stirn. »Hoffentlich läuft er nicht auf die Autobahn!«

Palle saß der Schreck noch in den Gliedern. Er hatte sich unter einen dürren Busch geflüchtet und da hockte er jetzt. So lange, bis sein Atem sich beruhigte und das gefährliche Auto weitergefahren war.

Als sein Herz nicht mehr wie wild klopfte, fing sein Magen wieder an zu knurren. Zögernd wagte er sich aus der Deckung und lief auf die hell erleuchtete Tankstelle zu.

Es roch hier streng nach Benzin.

Es roch schmierig nach Öl.

Es roch nach Scheibenreiniger und Abgasen.

Es roch überhaupt nicht nach Wildnis.

Aber es roch unverkennbar nach Müll.

Palle folgte dem Geruch bis in den Schatten eines Gebäudes. Vor ihm ragten zwei große Mülltonnen auf. Sein Magen knurrte noch lauter als eben.

Nein, dachte Palle. Er würde keinen Müll fressen.

Sein Magen knurrte Widerspruch.

Nein, dachte Palle. Auf gar keinen Fall! Es war nicht mehr weit in die Wildnis. Bis dahin würde er den Hunger aushalten.

Leider nicht, beharrte sein Magen.

Genau vor Palles Füßen lagen eine schmutzige Tüte Fritten und der hart gewordene Rest eines Burgers. Die Versuchung war einfach zu groß! Palle vergaß sich. Es war bloß ein Happs!

Er schlang das kalte Zeug herunter und sofort überkam ihn heiße Scham. Er hatte sein Wäldchen verlassen, um nie mehr Müll zu fressen. Jetzt fraß er den Müll auf hartem Asphalt. Alles war entsetzlich schiefgegangen! Palle verabscheute sich. Er fand sich schwach und unausstehlich.

Doch an Umkehr war nicht zu denken. Ginge er jetzt nach Hause zurück, würden die anderen ihn nur auslachen. Und dafür war Palle zu stolz.

Wumm-Wumm-Wumm, machte es ganz in der Nähe, und Palle hob den Kopf. Es klang wie stetes Donnergrollen. Vielleicht klang es auch wie ein brausender Wind.

Wumm-Wumm-Wumm, als würde sich ein Sturm zusammenballen.

Palle war sehr nach einem Sturm zumute. Er war so wütend auf sich – und außerdem verzweifelt.

Er folgte dem Grollen und den Winden und trottete

über den Asphalt, bis er den Rand einer Straße erreichte, die gewaltiger war als alle Straßen, die er je gesehen hatte. Eins, zwei, drei, vier Fahrbahnen zählte er und dazwischen noch einen schmalen, von Leitplanken begrenzten Streifen Asphalt.

Wumm-Wumm-Wumm, machten die vorbeibrausenden Autos, und wenn sie vorbeifuhren, riss ihr Wind an Palles Fell. Ihre weißen Lichter blitzten in seinen Augen, und waren sie vorüber, glühten rote Lichter nach.

Palle stand eine ganze Weile am Straßenrand, vom Lärm betäubt und vom Licht geblendet, aber dann war ihm, als locke ihn auf der anderen Seite der riesigen Straße ein riesiger Wald. Dunkel und gewaltig schien er da zu liegen. Mächtig und ganz unberührt.

Und plötzlich war sich Palle sicher: Er hatte die Grenze zur Wildnis erreicht. Er musste nur noch diese eine Straße überqueren. Danach wäre er wild und frei.

7

Zum Abendessen gibt es Müll – als Nachtisch eine Schwierigkeit

»Sagt mal … Wollte Palle nicht in die Wildnis? Sieht das da *so* aus?« Asta spähte über den Rand der Böschung. Palles Verfolger hatten den Autobahnrastplatz erreicht.

»Tankstellen gibt es überall«, sagte Cally, die zweite der Waschbärenschwestern.

»Logisch«, sagte Stine, die dritte. »Das weiß doch jeder!«

Die Waschbären waren vorausgelaufen. Jetzt kamen auch Törtel und Wendy an. Den ganzen Tag waren sie unterwegs gewesen, immer auf Palles Spur. Törtel war am Ende seiner Kräfte. Wenn Wendy ihn trug, wurde ihm außerdem schwindlig.

»Uff«, stöhnte er. Die Füchsin hatte ihn abgesetzt.
Wendy hob den Kopf und witterte.

»Und?«, fragte Törtel. »Kannst du ihn riechen?«

Wendy roch Benzin. Öl. Scheibenreiniger und
Abgase. Sie roch Müll. Und sie roch Palle! Dachs war
ein unverkennbarer Geruch.

»Er muss ganz in der Nähe sein«, raunte sie. »Die
Spur ist frisch. Los! Kommt! Beeilt euch!«

Sie huschten über den Parkplatz. Das heißt: Wendy
und die Waschbärenschwestern huschten. Törtel krabbelte hinterdrein.

»Und eins. Und zwei. Und eins. Und zwei«, zählte
er, um sich Beine zu machen. Dann hörte er den brau-
senden Verkehr der nahen Autobahn und zählte plötzlich aus Angst.

»Drei, vier, fünf, sechs«, zählte er jetzt mit zitternder
Stimme.

So viele Autos, dachte er. Bestimmt war Palle in
Gefahr!

»He! Jetzt wartet doch auf mich!« Törtel sah Wendy
und die Waschbärenschwestern hinter einem Gebäude
verschwinden. Er krabbelte, so schnell er konnte.

Zum Glück wurden die anderen aufgehalten. Die Waschbärenschwestern hatten zwei große Mülltonnen entdeckt.

»Oh, schaut mal! Abendessen!«, rief Asta, sprang auf eine der Tonnen und schlug den Deckel auf. Alle drei Schwestern sprangen hinein. Müll sprudelte aus der Tonne wie Wasser aus einem Springbrunnen.

Es war wie zu Hause in Müggeldorf. An einem ganz normalen Tonnentag, dachte Törtel.

»Oh!«

»Hmmm!«

»Lecker!«

Zu sehen waren die Schwestern nicht, aber zu hören.

»He!«, rief Törtel, während es in der Tonne raschelte, knisterte und schmatzte. »Wir haben es eilig, Leute! Wir suchen Palle! Schon vergessen?«

»Er ist ganz nah!« Wendy hatte die Nase am Boden. Schnuppernd zog sie ihre Kreise.

Über dem Mülltonnenrand tauchten die Köpfe von Asta, Stine und Cally auf.

»Eine Minute noch?«, fragte Asta.

»Oder zwei?«, fragte Stine.

»Höchstens drei?«, fragte Cally.

»Macht doch, was ihr wollt!« Schnuppernd schoss Wendy davon.

Törtel legte den Turbo ein. Er sah jetzt die Lichter der Autos. Sie blitzten vorbei. Er fürchtete das Schlimmste! »Wendy!«, rief er. »Nimm mich mit!«

Und da war sie auch schon, Wendy war umgekehrt! Törtel zog sich in seinen Panzer zurück. Wendy nahm ihn behutsam ins Maul. Er reiste zwischen ihren Zähnen weiter. Die Füchsin rannte so schnell, dass ihm gleich wieder schwindlig wurde.

Wumm-Wumm-Wumm, machten die Autos.

Sie wurden immer lauter. Bald hörte Törtel in seinem Panzer nichts anderes mehr.

Dann setzte Wendy ihn wieder ab und Törtel spürte den harten Asphalt unter seinen Schildkrötenfüßen. Vorsichtig streckte er den Kopf aus dem Panzer.

Wumm! Beängstigend nah rauschte ein Auto vorbei. Törtel spürte den Windstoß.

Wumm!, machte es wieder. *Wumm! Wumm! Wumm!* Die Autos waren fürchterlich schnell – und es waren

fürchterlich viele! Grelles Licht flog an Wendy und
Törtel vorbei. Wendy sagte etwas, aber die Autos waren
zu laut, um die Füchsin zu verstehen.

»Da! Da! Schau doch, Törtel!« Wendy schrie jetzt.
Endlich drang ihre Stimme zu Törtel durch.

Und Törtel schaute.

»Palle!«, rief er.

Er traute seinen Augen nicht, kniff sie zu und
machte sie wieder auf.

Leider sah er auch diesmal genau
dasselbe: Palle hockte in der Mitte der Autobahn
genau zwischen den Leitplanken, die die beiden Fahrbahnen trennten. Irgendwie war es dem Dachs
gelungen, zwei der vier Spuren zu überwinden. Jetzt
jedoch saß er fest, so starr vor Angst wie Törtel.

Wumm. Das nächste Auto verdeckte Palle, brauste
vorüber und gab ihn wieder frei.

Auto.

Palle.

Auto.

Palle.

Auto.

»Ist das etwa Palle?«, rief Stine in den Lärm.

Die Waschbärenschwestern waren erschienen, leicht
verklebt von ihrem Bad im Müll. Jetzt hockten sie zu
fünft am Straßenrand.

»Und was jetzt?«, fragte Cally fassungslos.

»Oh! Schaut doch! Da oben!«, rief Asta über das
Brausen hinweg.

Törtel hob den Kopf. Hoch über der Autobahn
kreiste Hokuspokus, der Schwan.

8

Hokuspokus hat einen Plan – seinem inneren Co-Piloten ist das nicht recht

Hokuspokus war den ganzen Tag in der Luft gewesen, allein mit seinem inneren Co-Piloten, und mittlerweile musste er sagen: Der Kerl ging ihm mächtig auf den Wecker! Ständig sorgte, fürchtete und ängstigte er sich. Ständig warnte er Hokuspokus vor diesem und jenem. Immer redete er Hokuspokus rein. Und dauernd wollte er umkehren!

»Die Kraft reicht nicht für den Rückflug«, hatte sein innerer Co-Pilot schon behauptet, als unter ihnen noch Müggeldorf lag.

»Nachts herrscht hier Flugverbot«, hatte sein innerer Co-Pilot ihn ermahnt, kaum dass es Abend wurde.

Hokuspokus aber hatte alle Warnungen in den Wind geschlagen, der hier oben sein Gefieder zauste. Er hatte seinen inneren Co-Piloten jedes Mal überstimmt. Mit surrenden Flügeln war er über Straßen, Radwege und Baumwipfel gesaust und entschlossen in den Tiefflug gegangen, sobald sein scharfes Schwanenauge etwas Verdächtiges erspähte.

»Vorsicht! Vorsicht!«, hatte sein innerer Co-Pilot jedes Mal geschnattert, wenn es steil nach unten ging.

Sonst aber hatten Hokuspokus' tollkühne Sturzflüge bislang nichts ergeben. Wohin er sich auch wendete, er fand keinen flüchtigen Dachs.

»Komm schon, Palle! Komm schon!«, hatte Hokuspokus hoch oben in den Lüften immer wieder gemurmelt, denn er hatte beschlossen, Palles Retter zu werden. Das hatte er gleich am frühen Morgen an Palles Bau so entschieden, und an dieser Entscheidung hielt er aus zwei Gründen fest.

Erstens nämlich verspürte Hokuspokus den Hauch eines schlechten Gewissens. Schließlich hatte er den ungeschickten Palle am Vortag leider umgerannt.

Viel wichtiger aber war Hokuspokus der zweite

Grund: Der Schwan fand nämlich, dass ihm die Heldenrolle gut stand. Niemand, fand er, eignete sich besser als Retter als er. Niemand, fand er, eignete sich besser für den großen Auftritt.

Engelsgleich würde er vom Himmel schweben, dachte Hokuspokus sich: groß und weiß und königlich. Palle würde ihm dafür auf Knien danken. Und an der Mole, wenn sie endlich wieder alle zu Hause wären, würden die Tiere ihm minutenlang Beifall klatschen. Der Applaus würde aufbranden wie da unten der Lärm des Verkehrs.

Verkehr?

Hokuspokus wurde jäh aus seinen Träumen gerissen. Wie es schien, hatte er eine Autobahn erreicht. Unter ihm wälzten sich weiße und rote Lichter über ein schwarzes, asphaltiertes Band.

Licht, dachte Hokuspokus erfreut. In der Dunkelheit erleichterte Licht die Suche. Das sagte dem Schwan sein geflügelter Verstand.

»Tiefer gehen!«, befahl er sogleich seinem inneren Co-Piloten.

Sein innerer Co-Pilot stöhnte nur schwach.

Hokuspokus segelte jetzt ein ganzes Stück tiefer über die Autobahn und ließ seinen Blick schweifen.

Vier Spuren, zwei Leitplanken in der Mitte und reichlich Verkehr, dachte er. Die Menschen wurden einfach nicht müde, durch die Gegend zu gondeln. Und das selbst in dunkelster Nacht.

Hokuspokus ging noch ein Stück tiefer und im nächsten Moment rief er triumphierend: »Ha!«

Was?, fragte sein innerer Co-Pilot mit barscher Stimme.

»Dachs voraus!«, rief Hokuspokus und konnte sein Glück kaum fassen: Mitten auf der Autobahn, zwischen den beiden Leitplanken, hatte er Palle, den Dachs, erspäht!

Sein großer Moment war gekommen, dachte Hokuspokus. Er schwebte zu Palles Rettung herbei!

»Sinken!«, befahl Hokuspokus seinem inneren Co-Piloten. »Wir bereiten alles zur Landung vor.«

Doch nichts geschah. Sein innerer Co-Pilot war fassungslos. Er verweigerte den Befehl.

»Sinken!«, sagte Hokuspokus noch einmal. Er sagte es mit Heldenstimme.

Bitte was?, piepste sein innerer Co-Pilot. *Entschuldigung, aber das ist eine … Autobahn!*

»Na und?«, herrschte Hokuspokus ihn an. »Wir werden die Autobahn sperren! Aufgepasst!«

Hokuspokus ging noch tiefer. Der Lärm war unbeschreiblich: knatternder Wind, brausende Autos und ein lauthals jammernder Co-Pilot!

Hokuspokus flog jetzt über die mittigen Leitplanken – für einen Augenblick genau neben einem Auto. Am liebsten hätte er an die Scheibe geklopft, aber der fassungslose Fahrer bemerkte ihn auch so.

Na los, dachte Hokuspokus. *Mach schon!*

Der erschrockene Fahrer stieg kräftig in die Bremsen.

Der Wagen daneben bremste ebenso ab.

Reifen quietschten und Hupen schimpften.

Der Weg für Hokuspokus war frei!

Vor ihm lag jetzt eine schnurgerade Landebahn, breit wie das Rollfeld eines Flughafens.

»Laaaaaandung!«, schrie Hokuspokus seinen offenbar ohnmächtigen inneren Co-Piloten an und fuhr die schwarzen Gummifüße aus.

Für einen Moment schloss er die Augen. Dann setzte er holpernd auf.

Doch Eleganz und Schönheit spielten gerade keine Rolle. Hokuspokus musste jetzt vor allem bremsen. Mit ausgebreiteten Flügeln rumpelte er über die linke Spur, bis sich einer seiner Flossenfüße im anderen verhakte und Hokuspokus zwar nicht an Schwung, dafür aber das Gleichgewicht verlor.

Der Schwan kullerte über den Asphalt. Dann blieb er endlich liegen. Auf einmal war es sonderbar still.

Hokuspokus hörte keinen Verkehrslärm mehr, denn der Verkehr war zum Erliegen gekommen.

Und Hokuspokus' innerer Co-Pilot hielt auch den Schnabel.

Hokuspokus rappelte sich auf – und fand sich in grellem Scheinwerferlicht wieder. Vor ihm standen die gestoppten Autos in Reihe und leuchteten ihn an. Hokuspokus kam sich vor wie auf einer Bühne. Er stand im schönsten Rampenlicht! Unwillkürlich glättete er sein Gefieder und reckte den schönen, schlanken Hals. Er breitete sogar seine Flügel aus, um sein Publikum zu grüßen.

Palle hatte er ganz vergessen. Hokuspokus dachte jetzt an sich. Es war eine meisterhafte Landung gewesen. Und all diese Menschen dort hatten sie gesehen! Kein Wunder, dass sie nun aus ihren Autos stiegen, um ihn zu bewundern!

»Wahnsinn!«

»Schaut doch!«

»Ein Schwan!«

Immer mehr Menschen kletterten aus ihren Autos und kamen näher. Sie raunten und riefen, und dann zückten sie ihre Handys, um Fotos zu machen.

Hokuspokus drehte und wendete sich. Er badete im Blitzlicht.

Auf den Fotos, die in dieser Nacht auf der Autobahn entstanden, war allerdings nicht nur ein glücklich posierender Schwan zu sehen. Wer die Fotos später genau betrachtete, konnte im Bildhintergrund noch ganz andere Entdeckungen machen.

Auf einem Bild zum Beispiel sah man einen Fuchs mit einer Schildkröte im Maul, der sich über die gesperrte Autobahn schlich.

Auf einem anderen Bild waren nicht nur der Fuchs und die Schildkröte, sondern außerdem ein Dachs zu sehen. Zu dritt überquerten sie die leere Autobahn.

Genau: Wendy und Törtel hatten den Moment genutzt. In Hokuspokus' Rücken waren sie über die Autobahn geflitzt.

Palle, der Dachs, war unendlich froh, sie zu sehen.

Vielleicht war er niemals zuvor so glücklich gewesen.

Vielleicht war er in diesem Moment sogar noch glücklicher als Hokuspokus, der Schwan.

»He, alles in Ordnung da drüben?« Mittlerweile war

Hokuspokus wieder eingefallen, warum er auf der Autobahn gelandet war. Aus den Augenwinkeln hatte er Palle, Wendy und Törtel über die Fahrbahn huschen sehen.

»Alles in Ordnung, Hokuspokus!«, rief Törtel aus ihrem Versteck am Straßenrand.

»Dann ist meine Arbeit ja getan«, sagte Hokuspokus und ließ ein letztes Foto machen. Dann kehrte er seinen Fans den Rücken zu, um Anlauf zu nehmen. Vor ihm lag das kilometerlange Rollfeld der Autobahn. Und über ihm leuchteten abertausend neugierige Sterne.

9

Wiedersehen im Wald – die Geschichte geht zu Ende

In einem Waldstück unweit der Autobahn fanden alle
wieder zusammen. Der kreisende Hokuspokus hatte sie
im Sternenlicht auf einer Lichtung erspäht. Bei der
Landung streifte er einen Baum und fiel wie ein Stein,
aber das spielte in einer Nacht wie dieser keine Rolle.
Sie waren froh, beisammen zu sein. Es war ein langer
Tag gewesen. Sie waren erleichtert und erschöpft, Palle,
der Dachs, ganz besonders.

Er sah in die Runde – auf Törtel
und Wendy und die tu-
schelnden Waschbären-
schwestern und schließlich
auf Hokuspokus, der vor
Stolz zu glühen schien –
und dabei wurde ihm
ganz komisch.

Eine seltsame Wärme breitete sich in ihm aus, so als träfe ihn ein Sonnenstrahl – was mitten in der Nacht beim besten Willen nicht sein konnte.

Palle war gerührt. Palle war glücklich, obwohl er doch eigentlich hätte unglücklich sein müssen. Schließlich hatte er die Wildnis nicht gefunden.

Die anderen sahen ihn erwartungsvoll an. Musste er jetzt etwas sagen? Palle wusste nicht, was.

»Also …«, fing er schließlich an. »Ich, äh … ich habe euch Ärger gemacht.«

Sofort fingen alle zu widersprechen an.

»Ach was!«, sagte Wendy.

»Kleinigkeit!«, betonte Hokuspokus.

»War doch lustig!«, riefen die Waschbärenschwestern.

»Wir haben dich vermisst«, sagte Törtel.

Sie redeten alle wild durcheinander, wie üblich. Aber diesmal störte es den Dachs nicht.

»Ich wollte wirklich die Wildnis finden«, sagte Palle, als wieder Stille eingekehrt war. »Aber …«

»Ich glaube, es ist nirgendwo wilder als in Müggeldorf«, unterbrach ihn Asta.

Palle war sich da nicht so sicher. »Jedenfalls ist keiner wilder als ihr«, brummte er. »Und das gilt auch für dich, Törtel«, sagte er dann. »Es tut mir leid, dass ich dich ein *Haustier* genannt habe.«

»Schon gut«, sagte Törtel.

»Und bei dir sollte ich mich auch entschuldigen«, sagte Palle zu Hokuspokus. »Ich meine, das kann ja mal vorkommen, dass man umgerannt wird. Es war ein Fehler, dir deine missglückte Landung übel zu nehmen.«

Hokuspokus wurde nicht gern an missglückte Landungen erinnert. Lieber hielt er die Erinnerung an seine Landung auf der Autobahn wach. »Gar kein Problem, alter Freund. Und ich kann dich beruhigen. Einem erstklassigen Piloten wie mir passiert so etwas selten. Kommt nicht wieder vor!« Er reckte ein wenig den Hals und streckte die Brust raus. Morgen würde er allen, die nicht dabei gewesen waren, von seiner Heldentat erzählen. Hokuspokus konnte es kaum erwarten.

»Sagt mal.« Der Schwan sah in die Runde. »Wir wollen hier doch nicht ewig rumstehen, oder?«

Eine Weile liefen sie durch den stillen, dunklen Wald, dann jedoch stießen sie auf ein Auto. Es war auf einem Waldweg geparkt und die Heckklappe stand offen. Weit konnten die Menschen, denen es gehörte, nicht sein.

»Oh! Super! Picknick!« Die Waschbärenschwestern ließen sich nicht lange bitten. Alle drei sprangen in den Kofferraum und plünderten den Korb darin.

Törtel hörte sie knistern, rascheln und schmatzen. Aber er hörte noch etwas. Von einem nahen Hügel kamen Stimmen.

»Da! Da! Habt ihr gesehen? Eine Sternschuppe!«, rief Josefine.

Neugierig wagten sich Törtel, Wendy, Palle und Hokuspokus etwas näher an den Hügel heran. Auf der Kuppe hatten Paul, Josefine und ihr Vater das Fernrohr aufgebaut.

»Wenn sie hier sind«, brummte Palle, »dann sind sie wenigstens nicht auf meinem Hügel.«

»Wenn man eine Sternschnuppe sieht«, sagte Paul zu Josefine, »dann darf man sich etwas wünschen. Also, was wünschst du dir?«

»Oh, Moment«, mischte sich Pauls und Josefines Vater ein. »Man darf sich etwas wünschen, aber man darf seinen Wunsch nicht verraten. Sonst geht er nicht in Erfüllung.«

Palle sah zum Himmel hinauf. Er hatte keine Sternschnuppe gesehen. Aber wenn, dann hätte er sich gewünscht, dass sein Wald ein wenig größer würde, dachte er. Vielleicht konnte das Wäldchen an der Mole wenigstens ein kleines bisschen wachsen. Alles andere nämlich, dachte Palle, war eigentlich perfekt.

Leise zogen sich Palle, Törtel, Wendy und Hokuspokus wieder zurück. Die Waschbärenschwestern waren immer noch im Kofferraum beschäftigt. Der Korb allerdings war beinahe leer.

Asta rülpste und hielt sich den Bauch.

Cally leckte eine Tupperdose aus.

Stine warf ein Stück Butterbrotpapier hinter sich auf die Rückbank.

»Und wo gehen wir jetzt hin?«, fragte sie unternehmungslustig.

Törtel warf einen Blick auf Palle.

»Immer nach Hause«, sagte er.

Dieses Buch ist erhältlich als:
ISBN 978-3-407-75756-2 Print
© 2023 Beltz & Gelberg
in der Verlagsgruppe Beltz · Weinheim Basel
Werderstraße 10, 69469 Weinheim
Alle Rechte für diese Ausgabe vorbehalten
Die Bücher zur TV-Serie *Törtel*
Geschrieben von Wieland Freund
Nach einem Drehbuch von Mark Slater
Basierend auf den *Törtel*-Orginalbüchern von Wieland Freund
Umschlaggestaltung unter Verwendung eines Bildes aus der Serie: Nancy Aprile
Herstellung: Nancy Aprile
Satz: Rooda Lee/Nancy Aprile
Druck und Bindung: Beltz Grafische Betriebe, Bad Langensalza
Beltz Grafische Betriebe ist ein klimaneutrales Unternehmen (ID 15985-2104-100).
Printed in Germany
1 2 3 4 5   27 26 25 24 23

Weitere Informationen zu unseren Autor:innen und
Titeln finden Sie unter: www.beltz.de

Die Serie im ZDF und KiKA

TÖRTEL

Mit Törtel und den wilde

Die Bücher zur TV-Serie (ab 6)

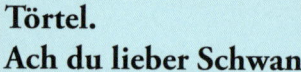

**Törtel.
Ach du lieber Schwan**

Gebunden, 90 Seiten
Beltz & Gelberg (79622)

**Törtel.
Palle sucht die Wildnis**

Gebunden, 90 Seiten
Beltz & Gelberg (75756)

...ieren Freundschaft erleben

Das Original (ab 8)

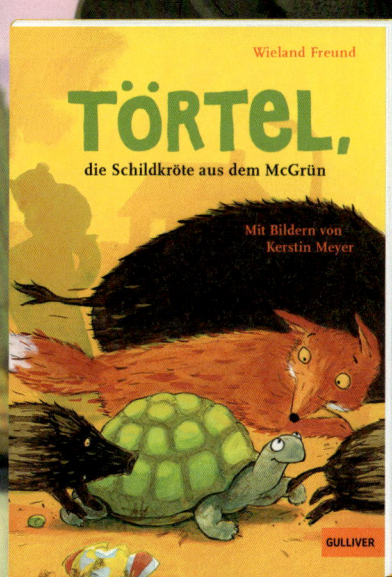

Törtel, die Schildkröte aus dem McGrün

Gebunden, 164 Seiten
Gulliver (81330)
Ebenfalls als E-Book
erhältlich (81335).

Törtel und der Wolf

Taschenbuch, 192 Seiten
Gulliver (74325)

Sammle Punkte auf
Antolin.de

BELTZ
& Gelberg www.beltz.de